AF282667

Der Autor

Sandra Reingruber

Heilpraktikerin

Sinzheimerstr. 79

76532 Baden-Baden

Die Autorin führt eine Naturheilpraxis und
eine Kräuter- und Naturschule.
Nähere Informationen zu Schule und
Veranstaltungen bei Sandra Reingruber.

Herstellung: Books on Demand GmbH
ISBN 3-8311-2349-7

1

Liebe Leserin, lieber Leser,

sie halten nun ein Erste- Hilfe- Buch der

besonderen Art in der Hand. Ein „Kräuter-

Erste-Hilfe-Buch"für unterwegs.

Mutter Natur bietet uns bei den

verschiedensten Erkrankungen soviel Hilfe

an, daß wir eigentlich nur zugreifen

müßten. Aber leider entfernen wir uns

immer mehr von der Natur. Oder wer weiß

schon, daß wir mit Breitwegerich beim

Wandern keine Blasen kriegen? Oder wir

Schnakenstiche mit Spitzwegerich

behandeln können? Solche und noch viel

mehr Tipps finden sie in diesem Buch.

Es ist für Laien leicht verständlich

geschrieben.Man findet Anleitungen zum

Suchen und Finden von Kräutern und wie

man sie zur Selbsthilfe beziehungsweise zur

„Ersten-Hilfe" anwenden kann.

Eigene und an Patienten erprobte

Behandlungen mit Kräutern fließen in den

folgenden Seiten genauso ein, wie „Omas"
überlieferte Rezepturen.

In diesem Führer geht es hauptsächlich um
die schnelle Erste Hilfe unterwegs. Wie
kann ich mir helfen, wenn ich im Urlaub
krank werde? Was gehört in meine
Reiseapotheke? Was kann ich tun, wenn ich
mich beim Wandern verletze ?

Die Erste Hilfe aus der Natur ist also die
schnelle Hilfe für Wanderfreunde,
Sonnenanbeter oder einfach für den Urlaub.

Den Lesern wünsche ich nun viel Freude
beim Lesen und viel Spaß beim
Nachmachen.

Bei Fragen und Kritik können sie sich gerne
jederzeit an mich wenden.

Ihre

Sandra Reingruber

INHALT

7

HAUT

Die Haut - jeder weiß, daß wir sie haben,
jeder reinigt sie jeden Tag, jeder cremt sie
ein. Doch was wissen wir noch von unserer
Haut, außer diesen Dingen?
Ich denke wir gehen oft viel zu achtlos mit
diesem Organ um. Denn es ist äußerst
wichtig für uns und erfüllt viele Funktionen.
Wollen wir uns einige davon einmal
ansehen.
Zum einen grenzt sie den Organismus
gegen die Umwelt ab, sie hat also eine
schützende Funktion. Sie hat aber noch eine
Vielzahl anderer Aufgaben wie Schutz
gegen das Eindringen von
Krankheitskeimen, Regelung des Wasser-
und Wärmehaushaltes und Strahlenschutz.
Daneben spielt sie als Sinnesorgan eine
wichtige Rolle, da sie eine Vielzahl
sensorischer Rezeptoren beherbergt.

8

Wie unsere Haut aufgebaut ist, können sie
der folgenden Zeichnung entnehmen.

Grobe Skizze:

1 Arterie

2 Vene

3 Schweißdrüse

4 Talgdrüse

5 Ausführungsgang der Schweißdrüse

6 Haarschaft

7 Pore

8 Haarmuskel

9 Haarpapille

10 Haarzwiebel

Wie sie sehen, kann man bei der Haut drei Schichten unterscheiden: Oberhaut (A), Lederhaut (B) und das Unterhautgewebe (C). Im engeren Sinn faßt man unter Haut (Cutis) die *Oberhaut* und die *Lederhaut* zusammen. Die einzelnen Schichten erfüllen verschiedene Aufgaben, auf die ich in diesem Rahmen aber nicht näher eingehen möchte.

Was sie noch wissen sollten ist, daß es noch sogenannte Anhangsorgane der Haut gibt. Dazu zählt man Haare, Nägel, Schweiß- und Talgdrüsen.

Soviel zur Physiologie der Haut.

Der Haut schreibt man aber auch noch weitere Funktionen zu. Man sagt zum Beispiel die Haut sei der Spiegel der Seele. Sind wir nervös und "aufgekratzt" kann sich dies auch an der Haut bemerkbar machen. Sie kann dann wund werden, oder so jucken, daß man anfängt sie aufzukratzen.

10

Die Chinesen sehen in unserer Haut nicht
nur irgendein Organ. Sie sagen, die Haut
hängt unmittelbar mit der Lunge
zusammen. Für sie ist die Lunge auch die
Ursache von vielen Hauterkrankungen.
Auch benutzen die Chinesen die Haut als
Diagnosemittel. Sie können anhand der
Hautfarbe und Hautbeschaffenheit
Aussagen über unseren Gesundheitszustand
machen.

HAUTERKRANKUNGEN

BLASEN

Kommt es beim Wandern zu Blasen an den
Füßen, oder es kündigt sich eine Blase an,
gibt es ein recht einfaches Mittel dagegen.
Der *Breitwegerich*

Er ist fast überall zu finden. Man nimmt
ein Breitwegerichblatt, entfernt den Stiel
und die überhängenden Fäden und legt sich
das Blatt mit der glatten Fläche zur Haut
auf die betroffene Stelle. Dann die Socken
darüberziehen.

Breitwegerich:

12

HAUTAUSSCHLÄGE

Hautausschläge können viele Ursachen
haben. Man könnte ein ganzes Buch damit
füllen.

Hautausschläge die länger anhalten, sollten
auf jeden Fall einem Arzt oder
Heilpraktiker gezeigt werden, um die
Ursache abzuklären.

Zu (Ur-) Urgroßmutters Zeiten wußte man
auch über die verschiedenen Ursachen von
Hautausschlägen recht wenig. Dennoch gab
es ein paar einfache "Standard-Rezepte",
die in solchen Fällen oft auch sehr
erfolgreich angewendet wurden.

Von denen möchte ich ihnen im folgenden
einige nennen.

Sollte sich aber nach ein bis zwei Wochen
Eigenbehandlung nichts verändert haben,
möchte ich sie bitten den Ausschlag
unbedingt abklären zu lassen.

Und was man gerade bei Hautproblemen
nicht vergessen sollte- die Haut wird auch

der Spiegel unserer Seele genannt. Eine
Möglichkeit für Hautprobleme kann auch
Beziehungsstreß, Liebeskummer,
unverarbeiteter Ärger, und so weiter sein.
Eine Behandlung wird also wenig Erfolg
haben, wenn die Ursachen nicht
angegangen werden.
Kommt es nun zum Beispiel beim Wandern
zu einem (plötzlichen) Ausschlag, kann
man davon ausgehen, daß es sich um eine
allergische Reaktion handelt. Was kann
man dann unternehmen?

**Hier nun "Omas Rezepte", die
"Erste-Hilfe" für die Haut:**
Eine etwas gewöhnungsbedürftige, aber
sehr effektive Methode ist das Sammeln
von frischem Eigenurin, der dann gleich auf
die betroffenen Hautstellen aufgetragen
wird. Es kann sein, daß es im ersten
Moment zu einem Brennen kommt. Dies
geht aber gleich wieder vorüber.

14

Bei Hauterkrankungen täglich drei bis vier Tassen *Blutreinigungstee* trinken. Dieser Tee wird wie folgt hergestellt: *Brennesselkraut, Ringelblumen, Ehrenpreis* und *Schafgarbe* (alle auch in der Apotheke erhältlich) werden zu gleichen Teilen gemischt. Von dieser Mischung nimmt man dann einen gehäuften Teelöffel auf einen viertel Liter Wasser. Alles zwei bis drei Minuten ziehen lassen.

Es helfen auch Umschläge und Waschungen mit *Kamille.*

Die Kräuterkundige Maria Treben empfielt bei juckenden Hautausschlägen, auch wenn sie borkig oder eitrig sind, Waschungen und Umschläge mit Zinnkrautabsud.

Unterwegs:

Die Möglichkeit eine dieser erwähnten
Kräuter unterwegs zu finden ist sehr groß.

Entweder haben sie eine Thermoskanne
heißes Wasser dabei, oder sich können sich
in einer Hütte oder Gaststätte ein Glas
heißes Wasser bestellen, um sich ihren
eigenen Tee herzustellen.

INSEKTENSTICHE

Unterwegs:

Als wirkliche "Erste-Hilfe-Kräuter" bei
Insektenstichen seien hier der *Spitzwegerich*
und die *Zwiebel* an erster Stelle genannt.
Wird man beim Wandern oder
Spazierengehen gestochen hält man sofort
Ausschau nach dem Spitzwegerich.

16

Spitzwegerich ist (wie Sie im nächsten Kapitel erfahren werden) fast überall zu finden.

Nehmen sie einige möglichst lange Blätter des Krautes und tragen sie den Saft der Blätter auf den Stich auf. Sie werden sofort eine Linderung verspüren. Der Juckreiz läßt nach.

Um an den Saft der Pflanze zu kommen gibt es einen kleinen Trick: Deshalb sind auch die längeren Blätter geeigneter. Sie nehmen vier bis fünf Blätter, machen einen Knoten in das ganze Bündel und zerreiben es dann zwischen ihren Händen bis der grüne Pflanzensaft heraustritt. Diesen dann auf den Stich auftragen.

Werden sie zuhause gestochen und haben keinen Spitzwegerich in der Nähe, haben sie mit einer *Zwiebel* auch ein  ausgezeichnetes Mittel um Linderung zu verschaffen.

Sie legen sich einfach für eine viertel bis halbe Stunde eine frisch halbierte *Zwiebel* auf den Stich.

Als probates Mittel gilt auch das Auflegen von *Würfelzucker*, den man mit Speichel angefeuchtet hat. Er verhindert eine Schwellung. Nach dem Gesetzt der Osmose wird das Tiergift aus der Einstichstelle gesaugt. Man sollte auch darauf achten, daß kein Stachel mehr in der Wunde steckt. Geht man öfter in "Schnakengebieten" spazieren, kann es sehr hilfreich sein, immer ein paar Stückchen Würfelzucker dabei zu haben.

EKZEME UND NEURODERMITIS

Neurodermitis ist ein stark juckendes Ekzem. Die Erkrankung beginnt meist in der Kindheit, oder sogar schon im Säuglingsalter. Es zeigen sich Symptome wie Rötung, Juckreiz, Nässen, Schuppung der Haut und Krustenbildung. Das Hauptsymptom ist der quälende Juckreiz.

Da ich bis zu meinem 25. Lebensjahr selbst sehr stark immer wieder Neurodermitis hatte, habe ich mit verschiedenen Kräutern eigene Erfahrungen gemacht, die ich gerne weitergeben möchte.

Was bei dieser Erkrankung nie vergessen werden sollte, ist unsere Psyche. Menschen, die an Neurodermitis leiden, sind oft sehr sensibel. Hat man im Moment keinen Krankheitsschub und es kommt aber zum Beispiel zu einer Streßsituiation (man hat sich zum Beispiel beim Wandern völlig verlaufen, hat Streß in der Familie o.ä.)

19

kann es sein, daß dies ausreicht einen neuen Ausbruch der Krankheit hervorzurufen.

Was mir immer sehr geholfen hat, war eine Kur mit *Brennesseltee*

Brennesseltee ist ein hervorragendes Diuretikum, also ein stark harntreibendes Mittel. Davon sollte man täglich einen Liter trinken.

Unterwegs:

Ein anderer Tipp, den ich von einer älteren Frau erhielt, die viel mit Kräutern arbeitet, war folgender: Bei akutem Juckreiz frischen *Eigenurin* sammeln und diesen auf die juckenden Stellen auftragen. Dies kostet zwar am Anfang einige Überwindung, war aber als "Erste-Hilfe-Tipp" hervorragend.

Kann man sich dazu nicht überwinden, gibt es noch eine weitere Methode. Man macht sich Umschläge aus *Gänseblümchentee*.

20

Diesen stellt man wie folgt her:

Man nimmt frische Gänseblümchenblüten

und -blätter.

Davon kommen drei gehäufte Teelöffel auf

einen dreiviertel Liter Wasser. Das Kraut in

die Schüssel geben und mit kochendem

Wasser übergießen, abdecken und sechs

Minuten ziehen lassen. Danach tränkt man

ein Baumwolltuch damit und legt dies für

neun Minuten auf die betroffenen

Hautstellen. Mehrmals täglich anwenden.

Sicherlich könnte man über Neurodermitis

ganze Romane verfassen. Mir geht es hier

aber in erster Linie um die "Erste-Hilfe".

Und da sind die einfachsten Mittel wie so

oft die besten.

ERFRIERUNGEN

Neben der üblichen ersten Hilfe bei
Erfrierungen wurden früher *Odermenning-*
Bäder gemacht. Der Odermenning sollte die
Hautstellen, die unter den Erfierungsfolgen
litten, wieder beleben.

SCHNITTWUNDEN

Bei Schnittwunden hilft uns der
Spitzwegerich. Ein echtes "Wiesenpflaster".
Dazu werden Spitzwegerichblätter
zwischen beiden Händen zerrieben, bis der
Pflanzensaft austritt. Dieser ist dann von
der Wirkung her einem Sprühpflaster
ähnlich und wird auf die Wunde
aufgetragen.

SONNENBRAND

Bei einem Sonnenbrand wird durch die UV-Strahlung die oberste Hautschicht verbrannt.

Unterwegs:

Kommt es zu ersten Anzeichen eines Sonnenbrandes gibt es auch hier "Erste-Hilfe-Kräuter".Obwohl ich bei der ersten Pflanze wohl besser von Gemüse reden sollte.

Es handelt sich nämlich um die *Tomate.* Man muß also sein "Wanderproviant" plündern.

Eine Tomate aufschneiden und damit die betroffenen Hautpartien einreiben.

Als ich diesen Tipp zum erstenmal gehört habe, war ich zuerst etwas skeptisch. Bis ich die Gelegenheit hatte es auszuprobieren. Es entfaltet vorallem eine herrlich kühlende Wirkung.

Dann habe ich etwas über den Zusammenhang Tomate-Sonnenbrandanzeichen nachgedacht. Da ist mir dann die uralte Signaturenlehre eingefallen. Diese besagt, daß man Pflanzen bei genauerem Hinsehen ansehen kann, für was sie gut sind. Die Pflanzen können uns durch ihr Äußeres wertvolle Hinweise geben.

Wie ist das dann mit der Tomate? Die Tomate ist rot und rund. Wie die Sonne.

Also kann sie uns bei Erkrankungen helfen, die durch die Sonne hervorgerufen werden. Diese Theorie der Signaturenlehre hört sich im ersten Moment etwas befremdend an. Deswegen möchte ich zum besseren Verständnis an dieser Stelle ein weiteres Beispiel bringen. Denn hat man das Prinzip verstanden, versteht man auch manche Kräuteranwendungen besser.

Der Löwenzahn und das Schöllkraut zum Beispiel kann man (wissenschaftlich erwiesen) gut bei Leber- und Gallenerkrankungen anwenden. Bei Lebererkrankungen kann es zur Gelbsucht kommen, Löwenzahn und Schöllkraut haben gelbe Blüten. Also können sie in diesem Zusammenhang hilfreiche Kräuter sein. Zusammenhang erkannt? Durch solche Beobachtungen wurden viele Anwendungen von Heilkräutern entdeckt.

Nun wieder zurück zum Sonnenbrand.
Einreibungen mit *Johanniskrautöl*
verschaffen ebenfalls Linderung. Dies ist
ein Öl, das man eigentlich in seiner "Mini-
Apotheke" für unterwegs dabeihaben sollte,
da es auch für viele andere Gelegenheiten
benutzt werden kann. Ein kleines
Fläschchen reicht da schon völlig aus.

Hat man weder Tomate noch
Johanniskrautöl dabei, gibt es eine weitere
Pflanze, die wir vielleicht in unserem
Vesperrucksack dabei haben und die uns
bei Sonnenbrand Linderung verschaffen
kann. Die *Gurke*.
Einfach geschälte Gurkenscheiben auf die
betroffenen Partien auflegen.

VERBRENNUNGEN

Hier sind Verbrennungen mit heißem Wasser, aber auch alle anderen Arten von Verbrennungen gemeint.

Als erste Hilfe gibt es hier nicht unbedingt ein Kraut, aber ich möchte dennoch einen Tipp aus „Großmutters Schatzkiste" geben.

Was hier hilft ist Eiweiß. Man nimmt ein Hühnerei, trennt Dotter und Eiweiß und streicht das Eiweiß auf ein Baumwolltuch oder Geschirrhandtuch. Dann legt man es auf die verbrühte Stelle.

Es kommt zur sofortigen Kühlung und Schmerzlinderung und es kommt in den meisten Fällen nicht zur Blasenbildung.

Als homöopathisches Akutmittel kann ich Cantharis empfehlen. Auch das sollte nicht in der „Mini-Apotheke für unterwegs" fehlen. Cantharis sofort und mehrmals eingenommen verhindert auch Blasenbildung und läßt die Rötung zurückgehen.

WARZEN

Sie werden in der Regel durch Viren verursacht. Warzen können Probleme machen wenn man unterwegs ist.

Gegen Warzen gibt es etliche Heilkräuter, die Hilfe versprechen. Allerdings habe ich festgestellt, daß nicht bei jeder Person jedes „Warzenkraut" gleich gut wirkt. Da muß man dann einfach ausprobieren, welches der vorgestellten Mittel bei einem selbst am besten anschlägt.

Ein alter Trick ist das Betupfen der Warze
mit dem *Saft des Löwenzahnstengels.* Dies
wird mehrmals täglich gemacht.
Einfach einen Löwenzahnstengel abbrechen
und mit der auslaufenden Milch die Warze
abtupfen.

Der frische *Saft der Ringelblume* soll
ebenfalls Warzen entfernen.

Auch Präparte der *Thuja-Pflanze* werden
erfolgreich gegen Warzen eingesetzt.
Besonders bewährt hat sich die
homöopathische Form Thuja D6.

WUNDHEILUNG

Die *Gundelrebe* hat sich als sehr hilfreiches Kraut bei schlechter Wundheilung herausgestellt.

Man kocht das frische Kraut mit Wasser auf, gibt es in ein Leinensäckchen, drückt dies leicht aus und legt es dann auf die Wunde auf. Mehrmals täglich anwenden.

Auch Umschläge mit der *Schafgarbe* können als Hilfe bei der Wundheilung dienen.

Ebenso hilfreich bei schlecht heilenden Wunden haben sich Auflagen mit *Frauenmanteltee* herausgestellt. Die in  Frauenmanteltee getränkten Umschläge müssen jedoch sehr häufig gewechselt werden.

ERKRANKUNGEN DES BEWEGUNGSAPPARATES UND DES BINDEGEWEBES

Der Bewegungsapparat wird durch Knochen, Muskeln, Gelenke und Hilfsvorrichtungen wie Sehnen, Bänder, Schleimbeutel u.a.aufgebaut.

Man unterscheidet einen passiven und einen aktiven Teil. Der passive Teil, das Skelett, gibt dem Körper den notwendigen Halt. Der aktive Teil, die Muskulatur, ermöglicht die Fortbewegung und die Einwirkung auf die Umwelt.

Unser Skelett besteht aus 212 Knochen. Der größte Knochen ist der Oberschenkelknochen. Bei einem Erwachsenen beträgt das Gewicht der ges. Knochen im Durchschnitt 10kg.

Was an unserem Skelett besonders wichtig ist, ist unsere Wirbelsäule. Sie besteht aus

einzelnen Wirbeln, die aber nicht starr
miteinander verwachsen, sondern die durch
faserknorpelige Zwischenwirbelscheiben
verbunden sind. Ausgenommen davon sind
die zusammengewachsenen Wirbel des
Kreuzbeins und des Steißbeins.

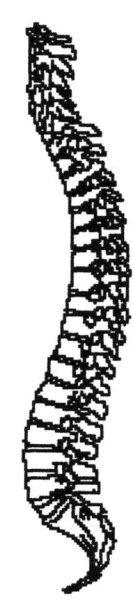

Unsere Wirbelsäule wird unterteilt in sieben
Hals-, zwölf Brust- fünf Lendenwirbel,
sowie Kreuz- und Steißbein.

Hier, im Zusammenhang mit der
Wirbelsäule, muß ich unbedingt auf die
Wirbelsäulentherapie nach Dorn eingehen.

Das ist eine ganz sanfte und schmerzfreie
Methode, um Wirbel wieder an ihren
richtigen Platz zu bringen, unsere Gelenke
wieder funktionsfähig zu machen und
Beinlängendifferenzen auszugleichen. Ich
kann hier nicht sehr ausführlich über diese
Methode schreiben. Das würde den Rahmen
dieses Kapitels sprengen. Worauf ich Sie
hier aber auf jeden Fall aufmerksam
machen möchte ist folgendes: Herr Dorn

hat herausgefunden, daß die einzelnen
Wirbelkörper bestimmten psychischen und
physischen Aspekten entsprechen. Sind
Wirbel in der Lenden- oder Halswirbelsäule
verrutscht, merken wir das in der Regel
recht schnell. Brustwirbelkörper können
aber jahrelang „deplatziert" sein, ohne, daß
wir es bemerken. Sie können dann durch
die Nervenverläufe Beschwerden wie
jahrelanger Durchfall, Reizdarm, Migräne
und so weiter auslösen.

Mit der Wirbelsäulentherapie nach Dorn ist
es nun möglich die Wirbel wieder sehr
sanft, aber doch dauerhaft an ihren
eigentlichen Platz zu bringen.

Haben sie also irgendwelche Beschwerden,
für die man keine Ursache finden kann,
werden gar als Hypochonder abgetan, oder
haben sie jahrelange Rückenbeschwerden
kann ich ihnen nur dringend raten sich ihre
Wirbelsäule nach der Methode nach Dorn
untersuchen zu lassen. Finden sie keinen

geeigneten Therapeuten könne sie sich gerne an mich wenden. Wohnen sie nicht in meiner Nähe, kann ich ihnen gerne eine Therapeutenliste von ihrer Umgebung zukommen lassen.

RÜCKENSCHMERZEN

Halten Rückenschmerzen mehrere Tage an, sollten sie diese auf jeden Fall von einem Heilpraktiker oder Arzt abklären lassen.

Unterwegs:

Holen sie ihr *Johanniskrautöl und Franzbranntwein* aus ihrer „Mini-Apotheke für unterwegs" und reiben sie damit die betroffenen Rückenpartien ein. Erst das Öl, dann der Franzbranntwein.

Diese Anwendung mehrmals wiederholen.

Bei Rückenproblemen jeglicher Art sehr hilfreich ist das altbewährte

Heublumensäckchen

Herstellung und Anwendung zuhause siehe Band 2 *„Erste-Hilfe-Kräuter-Büchlein für zuhause"*.

Auch hier möchte ich ihnen aber noch weitere Tipps geben, die außer den Kräutern helfen können. Nehmen sie Enzympräparate aus der Apotheke ein, zusammen mit *Olibanum* D6 (Weihrauch). Die Wirkung dieser Kombination hat sich als äußerst wirksam herausgestellt.

HEXENSCHUSS

Oft wird der Hexenschuß durch eine
ungeschickte Bewegung ausgelöst.
Meistens wird dabei eine Nervenbahn
eingeklemmt. Es kommt dann zu einem
plötzlich einsetzenden stechenden Schmerz
im Rücken.

Als erste Hilfe bieten sich auch hier
Einreibungen an. Zuerst mit
Johanniskrautöl, dann mit
Franzbranntwein.

Auch *Johanniskrautöl mit Arnika-Zusatz*
hat sich sehr bewährt.

Eine weitere früher sehr weitverbreitete
Hilfe ist das Bestreichen der schmerzenden
Stelle mit frischen *Brennesseln.*
Das Bestreichen sollte nur g a n z l e i c h t
erfolgen.

Danach die Hautstellen einpudern, oder mit
frischem *Spitzwegerichsaft* bestreichen.
Eine sehr gute Hilfe für unterwegs. Gibt es
doch kaum Stellen, an denen Brennessel
und Spitzwegerich nicht zu finden sind.

Ein altbewährtes Heilmittel ist hier auch
wieder *das Heublumensäckchen,* das man
dann zuhause anwenden kann.

Als *Tee* bietet sich folgende Mischung an:
Löwenzahn-, Weidenrinden- und
Kamillentee zu gleichen
Teilen mischen, von dieser Mischung einen
gehäuften Teelöffel auf eine Tasse Wasser.
Von dem Tee drei bis viermal täglich
eine Tasse schluckweise trinken. Dies über
zwei bis drei Tage lang fortführen.

Eine weitere Pflanze, zu der „Kräuterweiblein" im Falle eines Hexenschußes gerne gegriffen haben, ist der *Odermenning*.

Die Blätter dieser Pflanze wirken unter anderem hervorragend bei dieser Erkrankung.

Täglich davon zwei Tassen *Tee* trinken.

Der Tee wird wie folgt zubereitet: Einen gehäuften Teelöffel auf einen viertel Liter Wasser, brühen und vier Minuten ziehen lassen.

ARTHROSE / ARTHRITIS

Hat man eine dieser Krankheiten, kann es durchaus sein, daß es unterwegs damit Probleme gibt. Mutter Natur bietet uns unterwegs viele Möglichkeiten, unseren Körper im Kampf gegen diese Erkrankungen zu unterstützen.

Diese beiden Erkrankungen werden hier gemeinsam erwähnt, weil es bei den altbewährten Hausmitteln einige gibt, die man in beiden Fällen anwenden kann. Nachfolgend wird dann auch noch auf Mittel eingegangen, die bei den einzelnen Erkrankungen helfen können.

Oftmals wird Arthritis im Volksmund als „Rheuma" bezeichnet. Was aber nicht ganz korrekt ist. Denn bei den Rheumaerkrankungen gibt es verschiedene Einteilungen. Allen gemeinsam ist folgendes Leitsymptom: Schmerz im Bewegungsapparat, der oft mit Bewegungseinschränkung einhergeht.

Die *Arthritis* ist also eine Form davon. Ihre
korrekte Bezeichnung lautet chronische
Polyarthritis oder rheumatoide Arthritis.
Stark vereinfacht kann man die Krankheit
wie folgt beschreiben: Sie entwickelt sich
schleichend mit Müdigkeit, leicht erhöhten
Temperaturen, Abgeschlagenheit,
Mißempfindungen und Morgensteifigkeit in
Füßen und Händen. Meist wird die
Erkrankung durch langsam einsetzende
Gelenkschmerzen erkannt.
Meist sind zuerst die Zehengrundgelenke,
sowie die Fingermittel- und
Fingergrundgelenke betroffen. Im weiteren
Verlauf können auch andere Gelenke
befallen werden.
Die Fingerendgelenke sind in der Regel
nicht betroffen. Auch die Schleimbeutel
und die Sehnenscheiden können betroffen
sein. Die Muskulatur bildet sich zurück. Die
Haut über den betroffenen Gelenken wird

glatt und dünn, häufig mit bräunlichen
Pigmentierungen.

Bei der *Arthrose* handelt es sich um einen
Verschleißprozeß. Unser Bindegewebe
unterliegt einem normalen altersbedingten
Abnutzungsprozeß. Dieser verursacht
normalerweise keine Schmerzen. Gehen
aber Knochenveränderungen über den
normalen Alterungsprozeß hinaus, spricht
man von Arthrose.
Hier ein kurzer Überblick zur
Unterscheidung dieser beiden
Erkrankungen.

Arthrose

Gelenkgeräusche, bei Bewegungsstart
„wie eingerostet", Schmerzen während
der gesamten Bewegung und in Ruhe

41

Arthritis

> örtliche Temperaturerhöhung,
>
> Erguß/Schwellung,
>
> Belastungsschmerz, Anlaufschmerz
>
> und Morgensteifheit

Bei beiden Erkrankungen ist es ratsam
morgens eine halbe Stunde vor dem
Frühstück und abends vor dem Abendessen
eine Tasse *Zinnkrauttee* zu trinken. Diesen
läßt man bei der Zubereitung
ungefähr eine halbe Minute ziehen.

Über den Tag verteilt, sollte man
mindestens einen Liter *Brennesseltee*
trinken.

Wirsingkohl oder Weißkrautblätter heiß
abbügeln und auf die schmerzenden
Gelenke legen. Dann mit einem Tuch warm
abdecken. Auch dies ist ein Rezept aus

42

Großmutters Kräuterküche, das Linderung verschafft.

Die Kräuterkundige Maria Treben rät zu Umschlägen mit *Schwedenbittertropfen.* Aber hier ist Vorsicht geboten. Die Haut unbedingt vorher mit Schweine-, Melkfett oder Ringelblumensalbe einstreichen und danach die Stelle pudern, damit kein Juckreiz entsteht.

Ein weiteres Kraut, das hier sehr hilfreich ist und an dem wir leider meistens achtlos vorbeigehen, ist der *Wiesenbärenklau.* Auflagen mit den Blättern der Pflanze hat in manchen Fällen schon Unglaubliches bewirkt. Die Blätter werden gewaschen, auf einem Brett zerwalkt und dann über Nacht auf die erkrankte Stelle aufgelegt.

Was bei *Arthritis* noch wichtig ist, ist das Kühlen zur Linderung der Entzündung.

Auch Einreibungen mit *Johanniskrautöl*
sind sehr gut.

Pfarrer Kneipp verordnete bei
rheumatischen Beschwerden seine
berühmte *„ Wacholderbeerenkur ":*
Am ersten Tag vier Beeren kauen, am
zweiten fünf, am dritten sechs, bis man am
zwölften Tag 15 Wacholderbeeren
einnahm. Dann das gleiche rückwärts, bis
man wieder bei vier Wacholderbeeren war.

Weitere Mittel von einst sind das
Heublumenbad, das *Heublumensäckchen,*
Ameisenspiritus, Kampferspiritus und
Bienengiftsalbe.

Besondere Bedeutung kommt natürlich der
Ernährung zu. In einem alten
Kräuterbüchlein heißt es:"Jedwede Völlerei
sei von übel und der vom Zipperlein

geplagte Mensch sei gut beraten, sein

Gewicht zu reduzieren!"

Besonders bei *Arthrose* können

Einreibungen mit einem Brei aus

Beinwellwurzeln Linderung verschaffen.

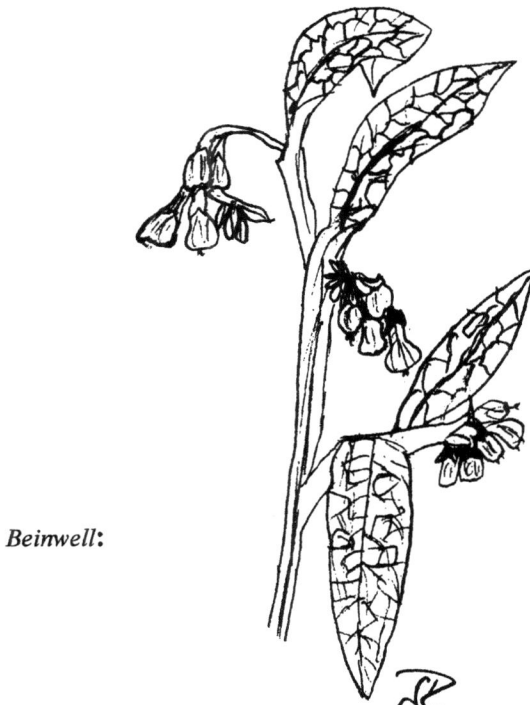

Beinwell:

MUSKELKATER

Bei Muskelkater hilft uns eine Pflanze, die schon im Mittelalter als Heilpflanze bekannt war- *Arnika*.

Entweder in homöopathischer Form als Arnika D6, oder als Einreibemittel.

VERSTAUCHUNGEN / PRELLUNGEN

Zur Verstauchung der Gelenke kommt es durch plötzliche Gewalteinwirkung auf das Gelenk, wobei es entweder zu Einriß, Dehnung oder Abriß der Haltebänder des Gelenks kommt. Es treten starke Schmerzen, eine schnelle Schwellung und eine Verfärbung an der betroffenen Stelle auf.

46

Unterwegs:

Holen Sie aus Ihrer „Mini-Apotheke für unterwegs" das homöopathische Mittel *Arnica D6* und nehmen Sie im akuten Stadium drei bis viermal alle fünf Minuten fünf Globulis.

Neben den gegebenen Tipps sollte folgende Erstversorgung gemacht werden: Hochlagerung der betroffenen Extremität, kalte Umschläge und Anlegen eines Kompressionsverbandes.

Und was unternahm man vor Erfindung des Eissprays in so einem Fall? Man verwendete *kalte Heublumenauflagen, Quarkauflagen* und Auflagen mit *Wirsingblättern.*

Auch eiskalte Umschläge mit einem Zusatz von *essigsaurer Tonerde.*

Ebenso hilfreich sind Packungen mit *Beinwellwurzeln.* Man füllt ein Leinensäckchen zu 2/3 mit der frisch geschnittenen oder getrockneten, zerkleinerten Wurzel. Die Packung dann im Wasser abkochen und solange ziehen lassen, bis die Auflage nur noch lauwarm ist. Diese wird dann auf die betroffene Stelle aufgelegt.

FRAUENHEILKUNDE

Sämtliche Frauenerkrankungen sollten auf jeden Fall vom Gynäkologen abgeklärt werden.

SCHMERZHAFTE MENSTRUATION / UNTERLEIBS-KRÄMPFE

Da dies uns Frauen auch unterwegs „passieren" kann, möchte ich auch hierzu ein paar kleine Tipps geben.

Kamillentee ist eine Möglichkeit.

Wesentlich mehr zu empfehlen ist *Schafgarbentee.* „Schafgarb im Leib tut wohl jedem Weib". Ein alter Spruch, der auf die gute Wirkung dieser Heilpflanze hinweist.

Bei Regelbeschwerden und Unterleibskrämpfen empfielt sich außer

Schafgarbentee auch noch ein *Sitzbad mit Schafgarbe.*

Sitzbad: 100 Gramm Schafgarben (das ganze Kraut) in kaltem Wasser über Nacht ansetzen, am nächsten Tag bis zum Kochen erhitzen und dem Badewasser zufügen.

Sehr hilfreich ist ein *Pfefferminztee.* Diesen nur brühen, nicht kochen.
Man nimmt dazu einen gehäuften Eßlöffel des trockenen Krautes auf einen viertel Liter Wasser.

HALS-NASEN-OHREN-
ERKRANKUNGEN

HALSSCHMERZEN

Was sich bei Halsentzündungen sehr
bewährt hat, ist das Gurgeln mit *Salbeitee.*
Dieser wird wie folgt hergestellt: Ein
gehäufter Teelöffel des Tees auf einen
viertel Liter Wasser. Drei Minuten ziehen
lassen.

Ein altes Volksheilmittel bei Halsweh und
Heiserkeit sind *warme Kartoffelwickel.*
Dazu kocht man drei bis vier Kartoffeln
weich und zerdrückt sie dann zu einem
Brei. Sobald dieser nicht mehr heiß ist, gibt

man ihn in ein Leintuch und legt diesen
Wickel dann um den Hals. Dann legt man
um den Wickel noch ein Wolltuch, um
diesem besseren Halt zu geben.

Ein warmer *Quarkwickel* kann ebenso
hilfreich sein. Dazu nimmt man 200
Gramm Quark und macht diesen in etwas
Milch warm.

Auch ein Glas *heißes Wasser mit dem Saft
einer Zitrone* und ein Teelöffel Honig
trinken bringt schnelle Linderung.

Die Kräuterkundige Maria Treben rät bei
Halsentzündungen zu *Odermenning*. Er
besitzt große Heilwirkung bei Hals-, Mund-
und Rachenentzündungen.

HUSTEN

Husten sollte nicht immer sofort unterdrückt werden. Ist er doch eine hilfreiche Einrichtung unseres Körpers, um die Atemwege zu säubern. Fremdstoffe und Schadstoffe als Reizauslöser werden durch das Abhusten herausbefördert. Allerdings ist ein länger andauernder Husten nicht erwünscht.

Ein Tipp ist der *Spitzwegerich-Sirup*. Eine kleine Menge davon sollte in keiner Reiseapotheke fehlen. Seine Wirkung ist sehr gut. Man kann den Sirup kaufen, oder ihn selbst herstellen. Was allerdings etwas Zeit und Geduld erfordert. Die genaue Herstellung finden sie am Ende des Buches.

Auch sehr hilfreich ist der Tee der *Schlüsselblume*. Eigentlich steht die Schlüsselblume unter Naturschutz. Kleine

Mengen Blüten dürfen aber für den Eigengebrauch geerntet werden.

Der Tee wird wie folgt hergestellt: Man gibt zwei Teelöffel der Blüten auf eine Tasse Wasser. Einfach die Blüten mit siedendem Wasser übergießen und auf Trinktemperatur abkühle lassen. Dann je nach Geschmack mit einem Löffel Honig süßen. Der Selbstheilungsmechanismus des Körpers wird beim Trinken des Hustentees durch die Zugabe von Honig weiter unterstützt.

Es gibt zahlreiche Rezepturen und hervorragende Hustentee-Mischungen. Da es sich hier aber um Tipps für unterwegs handelt, würden weitere Ausführungen mit ganzen Teemischungen den Rahmen sprengen.

SCHNUPFEN

Die Symptome eines Schnupfen dürften jedem bekannt sein: Vorallem Niesen und vermehrtes Nasensekret.

Die Übertragung des Schnupfens erfolgt durch Tröpfcheninfektion oder durch direkten Kontakt (zum Beispiel Händeschütteln).

Nach alter Erfahrung scheidet der Körper damit angesammelte, giftige und schädliche Stoffe aus. Da der Schnupfen aber nicht selten weitere Beschwerden bringt, sollte man sehen, daß man ihn in den Griff bekommt.

Man kann dem Körper auch andere Möglichkeiten geben Giftstoffe auszuscheiden, zum Beispiel durch eine Brennesselteekur.

Unterwegs:

Ist plötzlich ein Schnupfen mit all seinen unangenehmen Begleiterscheinungen da, hat man unterwegs schnelle Hilfe, wenn man zu seinem *Schwedenbitter* in der Reiseapotheke greift.

Man braucht sich nur einen mit Schwedenbitter befeuchteten Wattebausch oder Taschentuch an die Nase zu halten und dabei tief einzuatmen. Gleich kommt es zu einer spürbaren Erleichterung in der Stirn- und Nasengegend.

OHRENSCHMERZEN

Ohrenschmerzen können viele Ursachen haben. Hat man öfter Ohrenprobleme soll man diese auf jeden Fall von einem Arzt abklären lassen!

Unterwegs:

Ein klassisches Mittel bei Ohrenschmerzen ist das Auflegen einer aufgeschnittenen *Zwiebel* auf das betroffene Ohr. Die Zwiebel mit einem Schal oder Tuch festbinden.

Mit etwas Glück hat man eine Zwiebel beim

Vesper dabei.

Eine weitere Möglichkeit ist es eine
Zwiebel feinzuhacken, mit der
Messerbreitseite etwas quetschen, in ein
Taschentuch füllen und das zugebundene
feuchte Säckchen gut eine Stunde lang auf
das schmerzende Ohr zu binden.
Am besten eignet sich dazu eine größere
scharfe Zwiebel, da hier sehr viele
tränenreizende und schwefelhaltige
Inhaltsstoffe vorhanden sind.

In der „Alten Handschrift" (Abschrift von
der Heilkraft der Schwedenkräuter) heißt
es:"Bei Ohrenschmerzen und Ohrensausen
befeuchte man ein Bäuschchen mit den
Schwedenkräutertropfen und stecke es ins
Ohr. Es hilft sehr gut und bringt selbst das
verlorene Gehör wieder."

NASENBLUTEN

Die einfachste Behandlung ist ein kalter Lappen im Nacken. Dort befinden sich Rezeptorzellen, die über bestimmte Vorgänge das Nasenbluten stoppen.

Aber auch bei den Heilkräutern können wir Hilfe finden. *Hirtentäschel* ist ein Kraut, das Blutungen stillen kann. Hierzu wurde mir von einem älteren Herren, der sehr viel mit Kräutern arbeitet folgender Tipp gegeben: Bei Nasenbluten einfach etwas zerdrücktes Hirtentäschelkraut in das betroffene Nasenloch schieben.
Vielleicht nicht Jedermanns Sache, aber wenn sich sonst gerade keine andere Hilfe anbietet- ein Versuch sollte es einem dann wert sein.

ERKÄLTUNG

Hier kann uns der *Salbei* zusammen mit der
Kamille helfen: Salbei und Kamille zu
gleichen Teilen mischen. Davon ein bis
zwei gehäufte Teelöffel nehmen und mit
kochendem Wasser übergießen. Dann zehn
Minuten ziehen lassen. Zwei bis drei Tassen
pro Tag davon trinken.

Von größeren Dosen raten ich ab. Viel hilft
nicht immer auch viel.

HERZ - UND KREISLAUF -
ERKRANKUNGEN

Die Erscheinungen hier sind sehr vielfältig.
Ich möchte hier nur auf die Erkrankungen
eingehen, die man unterwegs auch mit
Kräutern oder sonstigen einfachen Mitteln
behandeln kann.

SCHWINDEL

Schwindel kann viele Ursachen haben.
Treten Schwindelanfälle öfter auf, sollte
man diese auf jeden Fall von einem
Heilpraktiker oder Arzt abklären lassen.
Nun, mit Kräutern Schwindel *akut*
anzugehen ist etwas schwer. Es gibt aber in
der *Akupressur* zwei Punkte, die ich Ihnen
nicht vorenthalten möchte. Diese Punkte
befinden sich an folgenden Stellen: Jeweils

am kleinen Finger jeder Hand, jeweils im
linken und rechten Nagelfalzwinkel.

Diese Punkte fest massieren. Am besten mit
einem Löffelstiel, oder einem umgedrehten
Stift. Wenn dann ein Gefühl wie ein kurzer
Nadelstich da ist, sind die Punkte richtig
getroffen.
Im Notfall kann man auch beide kleinen
Finger in den Mund nehmen und mit den
Zähnen diese Punkte aktivieren.

Bei den Kräutern kann die *Mistel* helfen.
Und zwar in Form von Tee. Aus vielen
Berichten ist zu entnehmen, daß bei
Schwindel, Herzrhytmusstörungen und
Kreislaufstörungen *Misteltee* in kurzer Zeit
Heilung gebracht hat. Täglich drei Tassen
Misteltee tagsüber schluckweise trinken. Er
normalisiert Herz und Kreislauf.

Den Misteltee stellt man wie folgt her: Ein gehäufter Teelöffel Misteltee wird über Nacht in ein viertel Liter Wasser angesetzt, morgens leicht erwärmt und abgeseiht.

Wird am Tag eine größere Menge Misteltee gebraucht, kann der Tee in einer Thermosflasche aufbewahrt werden.

Der schweizer „Kräuterpfarrer" Künzle empfahl *Ehrenpreis-Tee* bei Schwindelgefühlen.

Was auch hervorragend bei Schwindelanfällen hilft, ist das Kauen von kleinen *Ingwerstückchen.*

Der Kräuterpfarrer Weidinger empfiehlt bei Schwindel frisch gepflückte Blätter und Blüten der *Schafgarbe* zwischen Daumen und Zeigefinger zu zerreiben und nach Art von Schnupftabak in die Nase einzuführen und aufzusaugen.

62

ERKRANKUNGEN DES VERDAUUNGSTRAKTES

Die Nahrung, die wir unserem Körper zuführen, kann nicht unmittelbar verwertet werden. Deshalb muß unser Körper sie durch mechanische und chemische Zerkleinerung in einen Zustand bringen, in dem sie von den Zellen aufgenommen und weiter verarbeitet werden kann.

Unsere Verdauung beginnt nicht erst im Magen, sondern schon im Mund. In unserem Speichel sind Stoffe enthalten (zum Beispiel Ptyalin), die die Nahrung quasi vorverdauen. Dann geht der Verdauungstrakt weiter über den Rachen in die Speiseröhre, den Magen, Dünndarm, Dickdarm, Mastdarm und Analkanal. Besonders die Magen-Darm-Gegend kann einem unterwegs ernste Probleme

bescheren. Von Magenverstimmung bis
Durchfall.

BAUCHKOLIKEN

Treten Bauchkoliken öfter auf, gehören sie
auf jeden Fall abgeklärt. Aber es gibt ein
Kraut, das sich hier als „Erste Hilfe"
hervorragend bewährt hat und in dem
Zusammenhang schon fast in Vergessenheit
geraten ist. Es handelt sich hier um die
Schafgarbe.

Davon einen Tee zu-
bereiten und schluckweise trinken.
Der Tee wird wie folgt zubereitet: Es
kommt ein gehäufter Teelöffel der
Schafgarbe auf einen viertel Liter Wasser.
Dann drei Minuten ziehen lassen.

BLÄHUNGEN

Hier kann uns ein Pflänzlein helfen, das wir

eigenntlich aus der Küche kennen.

Basilikum.

Basilikumtee ist ein hervorragendes Mittel

bei Blähungen.

(Übrigens hilft dieser Tee auch bei

schwachem Magen und Appetitmangel.)

DURCHFALL

„Überfällt" uns unterwegs / im Urlaub akut Durchfall, gibt es ein paar alte Hausmittelchen auf die man da gut zurückgreifen kann. Ich gehe hier nur auf den *Akutfall* ein. Durchfall kann viele verschiedene Ursachen haben. Hält Durchfall länger an, sollte die Ursache auch abgeklärt werden. Bei Durchfall ist es auf jeden Fall sehr wichtig, immer genügend Flüssigkeit zu sich zu nehmen. Egal ob der Durchfall akut oder chronisch ist.

D a s Durchfallmittel schlechthin ist ein *geriebener, roher Apfel*. Mit Schale. Am besten geriebener *Apfel, zerdrückte Bananen* und *Zwieback* im Wechsel.

Was auch sehr gute Dienste leistet sind *getrocknete Heidelbeeren* (Fructus Myrtilli).(Achtung! Frische Heidelbeeren sind ungeeignet, da sie leicht abführend wirken!) Die getrockneten Beeren wirken nicht so schnell wie der Apfel, aber dafür nachhaltiger.

Sie werden entweder gekaut (besser), oder als Tee getrunken. Dieser wird wie folgt hergestellt: Die getrockneten Beeren werden mit kochendem Wasser übergoßen, zehn Minuten ziehen lassen. Von diesem Tee wird drei bis viermal täglich eine Tasse getrunken.

Maria Treben rät bei Durchfall täglich zu sechs Schluck *Kalmuswurzeltee*. Ebenfalls zu *Ringelblumentee* und *Kamillentee*.

VERSTOPFUNG

Auch die Verstopfung kann wieder viele Ursachen haben. Helfen die folgenden Tipps nicht, oder kommt es öfter zu Problemen mit dem Stuhlgang, sollten Sie das von einem Heilpraktiker oder Arzt abklären lassen.

Verstopfung geht man erst so sanft wie möglich an. Man beginnt mit sogenannten Quellmitteln. Zum Beispiel *Lein- und Flohsamen.* Oder *Milchzucker.* Beim Milchzucker normalisiert sich die Darmtätigkeit infolge der Anregung der Milchsäurebildung.
Erst wenn das keine Erleichterung bringt, können Sie zu stärkeren Mitteln greifen, wie zum Beispiel *Sennesblätter.* Die letzte Möglichkeit alles wieder in Gang zu bringen und die Verdauung anzuregen ist dann *Rhizinusöl.*

Ein altbekanntes Heilmittel aus
Großmutters Hausapotheke ist der Saft von
getrockneten, eingeweichten *Pflaumen*, den
man morgens auf nüchternen Magen trinkt.
Die Pflaumen werden über Nacht ein-
geweicht.

Als besonders stuhlfördernd wird die
Wegwarte beschrieben. Eine halbe bis eine
Tasse Wegwartetee auf nüchternen Magen
getrunken kann viel bewirken.

Bei Verstopfung auf jeden Fall auch
ausreichend trinken und auf genügend
Bewegung achten.

Wegwarte:

69

MAGENVERSTIMMUNG

Bei Magenverstimmung sollte man zu *Zwieback* und ungesüßtem *schwarzen Tee* greifen, um den Magen zu schonen.

Und auch hier kann das

Heublumensäckchen

Linderung verschaffen. Einfach erwärmen und auf die Magenregion auflegen.

SODBRENNEN

Sodbrennen ist keine eigenständige Erkrankung, sondern ein Symptom, das bei verschiedenen Erkrankungen auftreten kann. Die Ursachen für Sodbrennen können vielfältig sein.

Es kommt zu brennendem Schmerz in der
Magengegend, der in die Speiseröhre
aufsteigt.

Es gibt „Erste-Hilfe-Tipps", denen man
sich da bedienen kann. Tritt Sodbrennen
aber häufiger auf, sollte man die
Grundkrankheit ausfindig machen.

Schafgarbentee bringt rasche Linderung bei
Sodbrennen.

Der Tee wird wie folgt hergestellt: Auf ein
viertel Liter Wasser kommt ein Teelöffel
des Krautes. Den Tee drei Minuten ziehen
lassen.

Schafgarbe:

71

NEUROLOGISCHE ERKRANKUNGEN

SCHLAFLOSIGKEIT

Bei bekannter Schlaflosigkeit kann abends ein warmes Bad mit Zusatz von *Lavendel, Melisse und Hopfen* helfen.

Oder man greift zu einem Glas *warmer Milch mit Honig.*

Man kann sich auch ein *„Kräuterschlafkissen"* herstellen.
Dazu nimmt man einen Kissenbezug aus Leinen oder Baumwolle und näht folgende Kräuter darin ein: *Lavendelblüten, Hopfen, Johanniskraut, Melisse und Veilchenblüten.* Alles zu gleichen Teilen. Dies kann man dann als Kopfkissen benutzen, oder es einfach so zu sich ins Bett legen. Das Kissen ist wirksam, solange die ätherischen

Öle vorhanden sind. Das dauert ungefähr
zwei bis drei Wochen.

SCHLUCKAUF

Außer Luft anhalten, oder die betroffene
Person erschrecken gibt es noch einen guten
Tipp.
Zum Beispiel Tee aus *Dillsamen* kann recht
prompt wirken. Dazu kommt ein Teelöffel
der Dillsamen auf einen viertel Liter
Wasser. Drei Minuten ziehen lassen.

SONSTIGE ERKRANKUNGEN

ZAHNSCHMERZEN

Bei Zahnschmerzen sollte auf jeden Fall ein Zahnarzt aufgesucht werden.

Aber ist man im Urlaub oder unterwegs kann es sein, daß gerade kein Zahnarzt verfügbar ist. Dann gibt es ein recht einfaches „Erste-Hilfe-Mittel": *Gewürznelken.* Hat man in seiner „Reiseapotheke" keine dabei, kann man mit Sicherheit in jeder Gaststätte eine erhalten. Man platzeiert dann einfach eine leicht vorgekaute Gewürznelke am schmerzenden Zahn. Das in der warmen Mundhöhle langsam ausdunstende ätherische Nelkenöl enthält als Hauptbestandteil Eugenol. Dieser Stoff wirkt örtlich betäubend, außerdem antibakteriell und entzündungswidrig.

Kleiner Tipp: Finden sie in der Küche keine
Gewürznelken lohnt es sich, bei grobem
Fischgewürz (falls vorhanden)
nachzuschauen. Denn das enthält oft einige
Gewürznelken.

MILCHERBRECHEN BEIM BABY

Hier hat es sich als hilfreich herausgestellt, wenn die
stillende Mutter *Ingwer* einnimmt.

REISEÜBELKEIT

Reisetabletten, die in diesem Fall gerne genommen werden, machen oft müde. Da bietet sich eine „nebenwirkungsfreie" pflanzliche Alternative an:

Ingwer

Man besorgt sich in der Apotheke gepulverten Ingwer. Eine halbe Stunde vor Reiseantritt etwa ein halbes (!) Gramm des scharfen Gewürzes mit einem großen Bissen vorgekauter Banane einnehmen. Nicht auf leeren Magen! Alle vier Stunden ist eine weitere Dosis nötig. Zugleich unterstützt Ingwer die Verdauung.

Nicht anwenden bei Schwangerschaft und Gallensteinen !

HEILPFLANZEN

In diesem Kapitel finden sie alle zuvor genannten Heilpflanzen beschrieben. Am Ende jeder Pflanzenbeschreibung werden kurz die wichtigsten Wirkungsweisen angegeben. Weitere mögliche Verwendungsformen entnehmen sie bitte den entsprechenden Kapiteln aus diesem Buch, beziehungsweise dem Band 2 „Erste-Hilfe-Kräuterbuch für zuhause". Die Angabe zu der Wirkung der Pflanze ist lediglich dazu gedacht, einen Eindruck von der Pflanze zu bekommen. Denn oft handelt es sich bei den Heilpflanzen um Pflanzen, die jedermann kennt. Allerdings als Küchenkraut oder als Unkraut. Da ist es vielleicht einmal ganz interessant auch andere Aspekte der Pflanzen kennenzulernen.

ARNIKA (Arnica montana)

Arnika hat viele Namen. Es wird zum Beispiel auch *Bergwohlverleih, Wundkraut* oder *Fallwurz* genannt.

Arnika steht unter Naturschutz und sollte deshalb nicht gepflückt werden. Außer man hat das Glück und kann Arnika selbst anpflanzen. Was allerdings sehr viel Geduld und Glück erfordert.

Der Zusatz „montana" in der lateinischen Bezeichnung weist auf ihr Vorkommen im Gebirge hin, wo sie heimisch ist.

Die immer mal wieder erwähnten „Arnika-Allergien" sind meist auf die Eier der Arnika-Fliege zurückzuführen, die in den Böden vieler Arnikablüten abgelegt wurden. Also beim Sammeln besonders genau die Blüten anschauen.

Beschreibung:

Arnika gehört zu den Korbblütlern und ist eine mehrjährige Pflanze, die einen

querliegenden oder geraden *Wurzelstock*
hat. Die ganze Pflanze ist flaumig behaart.
Ihr *Stengel* ist einfach oder auch leicht
verzweigt. Die Pflanze kann bis zu 60 cm
hoch werden.

Ihre grundständig sitzenden *Blätter* sind zu
einer Rosette zusammengefaßt. Sie sind
oval-lanzettlich geformt. Die Blätter sind an
der Oberseite stark behhaart, an der
Blattunterseite findet man kaum Haare.
Ihre *Blüten* sind orangegelb.

Wirkung: *erwärmend, trocknend,*
verdünnend, zusammenziehend,
ableitend bei Blutergüssen

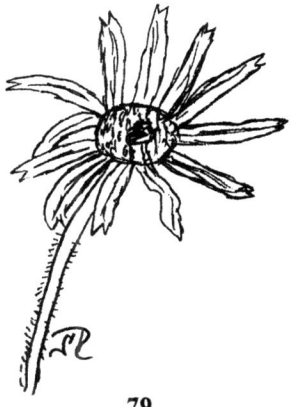

BEINWELL (Symphytum officinale)

Beinwell wird im Volksmund auch Beinwurz oder Schwarzwurz genannt. Die Pflanze wurde schon im Altertum als „Wundermittel" bei Knochenbrüchen verwendet. Vor allem die Wurzeln haben sich als besonders heilkräftig herausgestellt. Beinwell wächst vorwiegend auf feuchten Wiesen und Bachufern.

Beschreibung:

Die Pflanze hat einen großen, verzweigten Wurzelstock. Die mehrjährige Wurzel reicht tief in die Erde. Die Wurzel hat eine schwarze Rinde, daher auch der Name Schwarzwurz..

Die raublättrige Staude hat ovale, bis zu 30 cm lange Blätter, die an der Unterseite rauhe Harre tragen.

Der Beinwell blüht zwischen Juni und August. Die *Blüten* gibt es in mehreren Farben-violett, gelblich oder weiß. Die

Blüten bilden eine schmale Glocke und
hängen in Traubenform nach unten.

Wirkung: *zusammenziehend, zerteilend,*

wundheilend, gegen Durchfall

Beinwell:

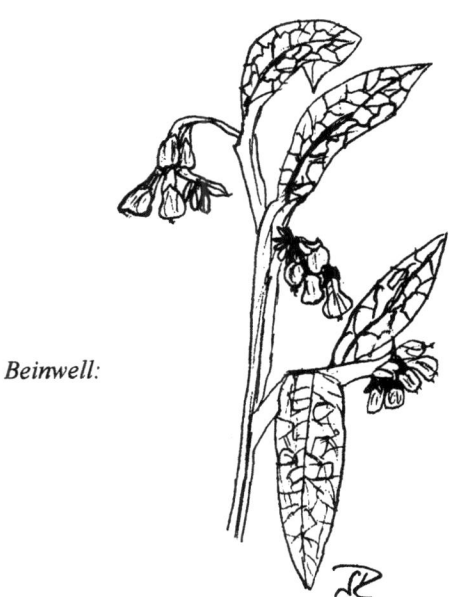

BREITWEGERICH (Plantago major)

Der Breitwegerich kommt eignemtlich in
der ganzen Welt vor. Er ist, ebenso wie sein
Verwandter der Spitzwegerich, fast überall
zu finden. An Wegrändern, auf Wiesen,
oder mit erwas Glück sogar im eigenen
Garten.

Beschreibung:

Der Breitwegerich ist eine mehrjährige
Pflanze mit zahleichen dünnen *Wurzeln*.
Aus dem *Wurzelstock* wächst eine
Blattrosette. Der Breitwegerich besitzt
keinen Stengel, sondern nur einen oder
mehrere Schäfte ohne Blätter, die bis zu
25cm hoch werden und an ihrer Spitze den
Blütenstand tragen.

Die *Blätter* sind sehr breit und fast oval.
Die Blattadern gehen vom Stiel aus und
verlaufen parallel zum Rand, um an der
Spitze wieder zusammenzukommen.

Der Breitwegerich hat keine einzelnen Blüten. Vielmehr einen *Blütenstand*. Dieser hat die Form einer Ähre, die aus zahlreichen kleinen Blüten besteht.

Die *Samen* der Pflanze verstecken sich in einer Kapsel, die im Kelch und der Krone eingeschlossen ist.

Wirkung: *kühlend, zusammenziehend, zerteilend, entzündungshemmend, harntreibend*

BRENNESSEL (Urtica urens / dioica)

Die Brennessel bedarf wohl keiner
Beschreibung. Jeder hat sicherlich schon so
seine eigenen Erfahrungen mit dieser
Pflanze gemacht. Die meisten wohl in der
Form, daß sie sich an ihr „gebrannt" haben.
Es gibt die Große und die Kleine
Brennessel. Beide sind in ihrer Wirkung
aber fast gleich.
Auf die Brennessel wurde in den vorherigen
Kapitel oft verwiesen. Wer aber noch mehr
über die Brennessel und über die
Geschichten, die sich um sie ranken, wissen
möchte, dem empfehle ich mein Buch „Die
Brennessel als Heilkraut", erschienen im
Battert-Verlag.

Wirkung: *nesselnd, harntreibend,*
reinigend, erwärmend, lösend,
zerteilend

84

Aus dem Mittelalter wird folgender Brauch
überliefert: Hatte jemand Fieber, brachte
man ihn, entweder vor Sonnenauf- oder
nach Sonnenuntergang, zu einer Brennessel
und sprach: „Guten Morgen, guten Abend,
liebe Alte, ich bringe dir das Heiße und das
Kalte, mir soll's genommen, du sollst es
bekommen."

DILL (Anethum graveolens L.)

Dill ist vielen nur als Küchengewürz
bekannt. Aber Dill ist auch eine
Heilpflanze, wie viele andere
Küchenkräuter auch.

Dill kommt ursprünglich aus Indien. Die
Pflanze wird in ihrer verwilderten Form bei
uns selten angetroffen. Man findet sie dann
an Wegrändern und auf Feldern. Am
ehesten findet man den Dill kultiviert in
Gärten.

Wirkung: *harntreibend, blähungstreibend,
verdauungsfördernd*

EHRENPREIS (Veronica officinalis)

Der Ehrenpreis wird im Volksmund auch „Allerweltsheil" genannt. Die größte Heilwirkung hat der Waldehrenpreis, Veronica officinlis. Außer im Mittelmeerraum ist er in ganz Europa verbreitet. Bevorzugt findet man ihn in Wäldern, auf trockenen Weiden und Wiesen.

Wirkung: *appetitanregend, hustenstillend, verdauungsfördernd, zusammenziehend*

GÄNSEBLÜMCHEN (Bellis perennis)

Jeder kennt das Gänseblümchen. Besonders häufig ist es auf Wiesen zufinden, die regelmäßig gemäht werden. Das Gänseblümchen kann auch Heilkraut sein- das haben wir im letzten Kapitel gesehen. Doch wußten sie, daß es auch „Wetterprophet" sein kann? Sein Blütenköpfchen schließt sich, sobald sich Regenwetter ankündigt. Es sind noch keine Wolken zu sehen, aber das Gänseblümchen „riecht" den Regen schon.

Wirkung: *trocknend, kühlend, reinigend, zusammenziehend*

GUNDELREBE (Glechoma hederacea)

Die Gundelrebe ist ein eher unscheinbares Kraut, das aber hervorragende Heilwirkung haben kann. Man kann die Pflanze fast überall finden. Auf Wiesen, Feldern, im Wald... .

Beschreibung:

Die mehrjährige Gundelrebe hat einen kriechenden *Stengel*. Aus ihm wachsen zwei verschiedene Triebe heraus. Einmal die, die Blüten tragen und zum anderen die, aus deren Knoten die Wurzeln ausschlagen. Aus letzteren bilden sich auch im nächsten Jahr wieder die neuen Triebe.

Die *Blätter* sind nierenförmig, behaart und langstielig. Die *Blattoberfläche* ist faltig und der Rand gekerbt.

Die *Blüten* sind lila und in blattachselständigen Quirlen angeordnet. An der Basis haben sie kleine, zarte Deckblätter. Der Kelch ist stark behaart,

röhrenförmig und teilt sich in der oberen
Hälfte in fünf dreieckige, scharfe Zähne.
Die Krone ist ebenfalls röhrenförmig, und
im Rachen öffnen sich zwei Lippen, von
denen die obere flach und gespalten ist. Die
untere ist dreigeteilt, wobei der
Mittelabschnitt größer und ab und zu erneut
zweigeteilt ist.

Wirkung: *hustenstillend, trocknend,*
zusammenziehend, wundheilend

HEIDELBEERE (Vaccinium myrtillus)

Die Heidelbeere ist mit Sicherheit eine Pflanze, die jeder kennt und deren Beeren jeder schon einmal probiert hat. Aber es sind sicher die wenigsten, die wissen, daß die Heidelbeere auch als Heilpflanze verwendet werden kann.

Wirkung: *kühlend, trocknend, zusammenziehend, antiseptisch, entzündungshemmend*

91

HOPFEN (Humulus lupulus)

Die meisten denken bei Hopfen mit Sicherheit sofort an Bier. Aber auch für Heilzwecke kann der Hopfen verwendet werden. Überall in Europa kann man den wilden Hopfen finden. Allerdings nicht sehr häufig. Er wächst in Gebüschen und Wäldern. Besonders liebt er humosen und lehmigen Boden.

Wirkung: *beruhigend bei nervösen Störungen, aromatisch, bittertonisch, eröffnend, reinigend, auflösend*

JOHANNISKRAUT

(Hypericum perforatum)

Das Johanniskraut hat viele Namen. Es wird unter anderem auch als Hexenkraut, Sonnwendkraut und Herrgotts Wundenkraut bezeichnet. Ob die Pflanze ihren Hauptnamen dem Jünger Johannes zu verdanken hat, oder der Tatsache, daß es um den Johannistag (24. Juni) herum blüht, ist nicht sicher. Es ist aber sicher, daß es eine hervorragende Heilpflanze ist.

Das Johanniskraut ist in ganz Europa zu finden. Es liebt sonnige Lagen und wächst bevorzugt auf Äckern und Wiesen.

Beschreibung:

Die Pflanze ist mehrjährig und kann bis zu 80 cm oder höher werden. Die *Stengel* weisen zwei in die Längsrichtung verlaufende schmale Leisten auf.

Die *Blüten* sind fünfstrahlig und goldgelb. Nicht zu übersehen sind die Öldrüsen auf den *Blättern.* Hält man die Blätter gegen das Licht, sehen sie aus wie durchlöchert. Man sagt auch, daß dies die „Nadelstiche des Teufels" seien. Weshalb diese Pflanze auch „Teufelsflucht" genannt wurde. In früheren Zeiten glaubte man den Teufel damit verjagen zu können.

Das Johanniskraut blüht zwischen Juli und September. Es gibt einen ganz einfachen Trick, die Pflanze mit Sicherheit zu bestimmen. Man nimmt eine Blütenknospe zwischen die Finger und zerreibt diese. Unter dem Druck tritt dann ein roter Farbstoff, das Hypericin, aus. Das „Johannisblut". Aber Achtung! Dieser Farbstoff läßt sich aus der Kleidung nur schwer entfernen.

Wirkung: *zusammenziehend, leitet melancholische Säfte aus, verdauungsfördernd, blutdrucksenkend*

94

Zu Großmutters Zeiten gab es einen
hübschen Brauch, bei dem heiratswillige
Mädchen in der Johannisnacht blühendes
Johanniskraut pflückten und dieses auf das
Wasser streuten. Welkte es, so war mit
einem Mann nicht so bald zu rechnen.
Blühte es aber weiter, stand im Lauf des
Jahres die Erfüllung der Liebe bevor.

KALMUS

(Calamus aromaticus, Acorus calamus)

Der Kalmus ist eine Wasserpflanze, die in ganz Europa verbreitet ist. Er wächst an Ufern von Bächen und Seen.

Beschreibung:

Der Kalmus ist eine recht unscheinbare Wasserpflanze mit einem waagrecht wachsenden *Wurzelstock,* der über einen Meter lang werden kann. Der *Stengel* wird bis zu einem Meter hoch und sein Querschnitt weist eine dreieckige Form auf. Die *Blätter* wachsen direkt aus dem Wurzelstock und sind lang und schmal. Der Kalmus hat einen *Blütenkolben*, der aus zahlreichen Blüten besteht. Diese sind hintereinander auf einer fleischigen Ähre aufgereiht.

Aus jeder kleinen, gelblich-grünen *Blüte* entwickelt sich eine rötliche Beere, die einige spindelförmige Samen enthält.

Wirkung: *appetitanregend, zur Raucherentwöhnung, fiebersenkend, tonisch, bitter*

KAMILLE (Matricaria chamomilla)

Schon seit Jahrtausenden ist die Kamille aufgrund ihrer Heilwirkungen eine beliebte Pflanze. Ich spreche hier von der echten Kamille. Es gibt auch noch die Hundskamille. Diese hat aber keinen hohlen Blütenboden und auch nicht den intensiven Geruch, den die echte Kamille hat.

Wirkung: *entzündungshemmend, krampflösend, verdauungsfördernd, schmerzlindernd*

ACHTUNG: Kamillentee nicht länger als drei Wochen hintereinander regelmäßig trinken. Auch als täglicher Frühstückstee ist die Kamille nicht geeignet. Bei empfindlichen Menschen kann es sonst zu Schwindel und Nervenreizungen kommen.

Ein Spruch zur Kamille aus alten Zeiten:

„Diesmal gibt es keine Pille, denn der

Patient trinkt fein Kamille."

LAVENDEL (Lavendula officinalis)

Lavendel mit seinem aromatisch-würzigen Geruch ist ein sehr bekannter und geliebter Sommerduft. Besonders im Mittelmeerraum ist diese Pflanze weit verbreitet. Aber auch bei uns in Gärten leicht zu ziehen. Schon im Altertum wurde Lavendel zur Linderung von Kopf- und Zahnschmerzen verwendet. Da jeder mit Sicherheit Lavendel kennt, verzichte ich hier auf eine nähere Beschreibung.

Wirkung: *aromatisch, reinigend, beruhigend, antiseptisch, reinigend, krampflösend*

Auch sehr empfehlenswert zur „Nervenstärkung" sind Vollbäder mit Lavendel-Zusatz.

LÖWENZAHN

(Taraxacum officinale)

Auch der Löwenzahn ist mit Sicherheit eine Pflanze, die jeder kennt. Wer hat nicht als Kind mit Freude die „Pustenblumen" auf der Wiese gepflückt, um die kleinen Schirmchen wegzupusten.

Wirkung: *harntreibend, steigert die Produktion von Magensaft, regt den Stoffwechsel an, appetitanregend, regt den Gallefluß an, reinigend*

MELISSE

(Melissa officinalis)

Ursprünglich kommt die Melisse aus Vorderasien. Sie ist aber bei uns in vielen Gärten heimisch geworden. Wild wächst die Melisse bei uns nicht, allenfalls in den südlichen Alpenlandschaften.

Wirkung: *verdauungsfördernd, heilend bei Herpes-Bläschen, beruhigend, krampflösend, fördert die Gallesekretion der Leberzellen*

MISTEL

(Viscum album)

Wer kennt sie nicht, die „Schmarotzerpflanze", die im Herbst, wenn die Bäume
ihre Blätter abwerfen, zwischen den Ästen
sichtbar wird. Schon bei den Druiden, die
die Mistel mit einer goldenen Sichel
ernteten, war sie eine beliebte Heilpflanze.

Beschreibung:

Schmarotzerpflanze mit immergrünen,
lederartigen, gelblich-grünen Blättern. Die
Beeren sind weißlich, etwas glasig, innen
schleimig und klebrig.Die Mistel wächst
auf verschiedenen Bäumen, bevorzugt auf
Laub- und Obstbäumen oder Pappeln.

Wirkung: *bei Blutdruckproblemen,*
verdauungsfördernd,verlangsamt
den Herzschlag, große
Bedeutung wird ihr vorallem in
der Krebstherapie zugeschrieben.

103

ODERMENNING

(Agrimonia eupatoria)

Der Odermenning hat viele Namen. Er wird auch Hammelschwanz, Petermännchen, Heil aller Welt oder Ottermilch genannt. Besonders beliebt war diese mehrjährige Pflanze in alten Zeiten bei Sängern und Schauspielern. Sie tranken Odermenning-Tee oder gurgelten damit um ihre angeschlagene Stimme wieder in Ordnung zu bringen.

Den Odermenning findet man vorallem an Weg- und Gebüschrändern bis in Höhenlagen von 1500 m.

Beschreibung:

Der Odermenning kann bis zu einem Meter hoch werden. Seine peitschenförmigen aufrecht stehenden Stengel tragen nur im unteren Teil Blätter. Die *Blätter* sind am Rand grob gezahnt und tragen am Blattgrund zwei kleine Blättchen, die den

Stamm umschließen und Nebenblätter genannt werden. Die Blätter stehen wechselständig. Kleine gelbe *Blüten* befinden sich in Traubenform an der Stengelspitze. Die Pflanze blüht von Juni bis September.

Wirkung: *steigert die Gallesekretion, harntreibend, appetitsteigernd, antirheumatisch, juckreizlindernd, gegen Katarrh wirksam*

RINGELBLUME

(Calendula officinalis)

In vielen Gärten ist sie zu finden, die gelb-orange blühende Ringelblume. Sie hat viele Namen bekommen, zum Beispiel Goldblume oder Wucherblume.

Wildwachsend findet man sie bei uns, im Gegensatz zum Mittelmeerraum, eigentlich selten.

Wirkung: *abschwellend,*
entzündungshemmend,
krampflösend,
schmerzstillend, Feuchtigkeit
zuführend

SALBEI

(Salvia officinale)

In vielen Gärten ist der duftende,
lilablühende Salbei zu finden. Der Name
Salbei ist eine Ableitung aus dem
Lateinischen salvia (Heil) von salvare
(retten, heilen). Schon im Altertum war der
Salbei für Küche und Heilkunst sehr
gefragt.

Wirkung: *verdauungsfördernd,*
auswurffördernd, antiseptisch,
entzündungshemmend, hilft beim
Abstillen, da es die
Milchproduktion stoppt

107

SCHAFGARBE

(Achillea millefolium)

Die Schafgarbe hat diesen Namen erhalten, da sie von Schafen ein sehr geschätzter Leckerbissen ist. Schafgarbe findet man in fast ganz Europa. Sie wächst vor allem auf Wiesen- und Wegrändern, aber auch an Böschungen und auf Geröllhalden.

Wirkung: *entzündungshemmend, wundheilend, blutstillend, reinigend*

SCHWEDENBITTER

Das Rezept des Schwedenbitter wurde nach dem Tod des schwedischen Arztes Dr.Samst unter seinen Schriften gefunden. Dr.Samst verunglückte beim Reiten in seinem 104. Lebensjahr!

Die Heilkundige Maria Treben übernahm dieses Rezept und machte hervorragende Heilerfahrungen damit.

Hier das Orginal-Rezept nach Maria Treben:

184 g großer Schwedenbitter enthalten in Gramm: 26,0 Aloe, 18 Rhababerwurzel, 18 Theriak ven., 13 Myrrhe, 9 Zittwerwurzel, 7 Enzianwurzel, 7 Kieselerde, 5 Roter Ton (Terra sigulta), 7 Angelikawurzel, 4 Eberwurz, 2 Kampfer natürl., 2 Tormentillwurzel, 2 Bibergail, 5 Lärchenschwamm, 2 Safran echt, 2 Muskatblüte, 2 Sennesblätter, 18 Kalmuswurzel, 35 Muskatnuss.

Zubereitung:

184 g mit 1,25 Liter Kornschnaps oder Obstler (mind. 40% Alkohol) ansetzen und unter täglichem Schütteln zehn Tage ziehen lassen. Dann vorsichtig abgießen und den Rest des Satzes erneut mit 1,25 Liter Schnaps auffüllen und wieder zehn Tage ziehen lassen. Dann abgießen, den Rest ausfiltrieren, die beiden Auszüge vermischen und in kleine Flaschen abfüllen. Alternativzubereitung: statt Schnaps mit einem Liter reinem Weingeist auffüllen, nach zehn Tagen ein Liter abgekochtes Wasser zufügen. Erneut zehn Tage ziehen lassen und abseihen.

=> Nur für äußeren Anwendung !

SPITZWEGERICH

(Plantago lanceolata)

Der Spitzwegerich ist eine Pflanze, die fast überall zu finden ist. Der Name läßt mit Recht vermuten, daß die Pflanze mit Vorliebe im Bereich von Wegen anzutreffen ist.

Beschreibung:

Der Spitzwegerich hat eine bodennahe Rosette aus fünf oder mehr spitz-elliptischen Blättern. Aus ihr wachsen bis zu 60 cm lange *Blütenstengel* heraus. Die *Blüten* sind überwiegend gelblich-grün gefärbt. Der Blütenstand hat der Form einer Ähre.

Wirkung: *entschleimend, antibakteriell, juckreizstillend, entzündungshemmend, begünstigt den Wundverschluß*

Spitzwegerichsirup:

Dazu benötigen sie frische
Spitzwegerichblätter, braunen Rohrzucker .
und ein größeres Glas. Legen sie die
gewaschenen und zerkleinerten
Spitzwegerichblätter schichtweise mit
Rohrzucker in ein Gurkelnglas. Eine
Schicht ungefähr einen Zentimeter. Dann
immer alles gut zusammenpressen bis das
Glas voll ist. Über Nacht stehen lassen. Die
Schichten setzen sich. Dann noch einige
Schichten auffüllen bis das Glas voll ist.
Das Glas an einer geschützten Stelle im
Garten ungefähr 30 Zentimeter tief
eingraben. Das Glas zuvor mit
Pergamentpapier gut verschließen, ein Brett
darauf geben und dieses mit einem Stein
beschweren. Das Loch wieder mit Erde
zuschütten und die Stelle markieren. Das
Glas bleibt für drei Monate in der Erde.
Durch die gleichmäßige Erdwärme vergären
Zucker und Blätter zu einem Sirup.

Nach den drei Monaten nimmt man das
Glas heraus, preßt den Saft durch eine
Fruchtpresse und kocht ihn einmal auf.
Dann alles in gut verschließbare Gläser
füllen.

WACHOLDER

(Juniperus communis)

Beim Wacholder handelt es sich um einen Strauch mit einem starken verzweigtem Stamm, dessen rotbraune Rinde sich leicht in Längsstreifen abziehen läßt.

Der Gemeine Wacholder ist in ganz Europa verbreitet. Hauptsächlich bevorzugt er felsige, sonnige Plätze. Häufig ist er auch als Zierstrauch in Gärten zu finden.

Beschreibung:

Die *Blätter* sind gerade und bilden einen Quirl. Sie verjüngen sich allmählich zu einer scharfen Spitze hin, die in einen nadelförmigen Stachel übergeht.

Blüten / Früchte: Kugelrunde Beerenfrucht, die aus drei Hüllblättern besteht, die die weibliche Blüte umgeben. Diese sind miteinander verwachsen und verschmolzen und bilden eine kugelige schwarze oder

blaue, fleischige Frucht, in der sich einige
hellbraune Samen befinden.

Wirkung: *harntreibend, antiseptisch,*
erwärmend, reinigend,
zusammenziehend, zerteilend

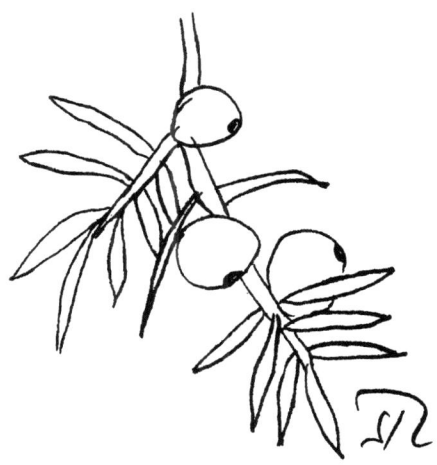

WEGWARTE

(Cichorium intybus)

Die Pflanze ist in ganz Europa verbreitet, einzeln oder gruppenweise an Hecken, Brachland oder Wegrändern.

Beschreibung:

Die Wegwarte ist eine mehrjährige Pflanze, deren *Stengel* bis zu einem Meter hoch werden können. Die *Grundblätter* bilden eine Rosette. Sie beginnen im Herbst zu sprießen, halten den ganzen Winter an und vertrocknen während der Blüte.

Die *Stengelblätter* werden nach oben hin immer kleiner, sitzend und stengelumfassend. Die Oberfläche der Blätter ist bei der wilden Form behaart, bei den Kulturpflanzen relativ glatt.

Die lilafarbenen *Blüten* sind zu Köpfchen zusammengefaßt und meist sitzend. Die Krone geht in eine lange blaue oder lilane Zungenblüte über.

116

Wirkung: *kühlend, trocknend,*

    zusammenziehend, bitter, regt

    die Galleabsonderung an,

    reinigend, leicht beruhigend

„Kräuter- Reiseapotheke"

Gehen sie in Urlaub oder zum Wandern,

sollten sie ihre „Kräuter-Reiseapotheke"

immer dabei haben.

Darin sollten folgende Dinge enthalten sein:

-Ihr „Erste-Hilfe-Kräuterbuch für

unterwegs"

- Arnika D6

- ein kleines Fläschchen Schwedenbitter

- ein kleines Fläschchen Johanniskrautöl

- Würfelzucker (siehe u.a. Insektenstiche)

- Cantharis D6 (siehe u.a. Verbrennungen)

- ein kleines Fläschchen Franzbranntwein

- ein kleines Heublumensäckchen

- kleingeschnittene, getrocknete Beinwell-

  wurzeln

- Gewürznelken (siehe Zahnschmerzen)

Den Rest stellt uns Mutter Natur unterwegs

zur Verfügung.

Stichwortverzeichnis

A

B

Wichtiger Hinweis:

Die in diesem Buch aufgeführten Rezepte und Behandlungshinweise verstehen sich ausschließlich als Beispiele. Die Einnahme der Heilmittel oder Rezepte geschieht auf eigene Verantwortung und ist im Einzelfall sorgfältig abzuwägen. Für eventuelle Folgen können weder Autor noch Verlag zur Rechenschaft gezogen werden.

Auch kann dieses Buch den Besuch eines Heilpraktikers oder Arztes nicht ersetzen.

Alle Angaben in diesem Buch sind sorgfältig geprüft. Da sich das Wissen aber laufend und in rascher Folge weiterentwickelt, muß jeder Anwender prüfen, ob die Angaben nicht durch neuere Erkenntnisse überholt sind.